서랍에서 꺼내다

창연
시선
030

서랍에서 꺼내다

안명희 시집

창연

■ 시인의 말

봉오리 끝에 매달린
이슬 같은 씨앗 하나 터트렸다

나무와 꽃과 풀과 흙
바람과 햇볕 달 별 호수
구름과 어머니

폭우 속에서 달리는 천둥소리를
들으며 지난 밤새 흔들렸다가
하얀 밥알 같은 시 한 줄 짓는다

구수하게 뜸 들여 가는 중이다

2024년 12월 안명희

차례

■ 시인의 말 • 5

제1부_기억하다
불면증과 시 • 13
엄마는 바쁘다 • 14
요양병원 • 17
햇볕 한 줌 • 18
아버지의 향기 • 19
산 • 20
내가 꽃이 되고 보니 • 21
말 냄새 • 22
안경 • 24
기억하다 • 25
지하 방에서 침착하게 살아가기 • 26
중년의 미소 • 28
달걀 반쪽 • 29
밀고 가는 것 끌고 가는 것 • 30
풀꽃 • 31
땡초 남편 • 32
봉숭아꽃 • 33
주남 저수지에 오면 • 34
감자밭에 묻어줄까 • 36
잠들의 푸념 • 37
옥수수 • 38

제2부_주남 저수지의 하루

나무처럼 생각하기 • 41

부부 • 42

밥 • 44

강하자 할머니 집 대나무 • 46

6월에 온 손님 • 47

미역국 • 48

그 여름의 자두 • 49

주남 저수지의 하루·1 • 50

주남 저수지의 하루·2 • 51

늦은 외출 • 52

혹시 • 53

경상도 버전 • 54

유럽 잠자리 • 56

코 • 57

고독 • 58

나팔꽃 • 59

죄송합니다 • 60

6월의 기억 • 61

감자와 아주 • 64

소망으로 • 66

제3부_엄마

서랍에서 꺼내다 • 69
나보다 아픈 사람아 • 70
꽃 • 71
단감 • 72
흙이로소이다 • 74
1970년 라면 • 75
밥물 안치기 • 76
아주와 앵무새 • 77
시 굽는 주전자 • 78
100세의 기도 • 79
그네 • 80
그리움 • 82
그 꽃 • 83
국화 옆에서 쓴 자서전 • 84
하얀 목련 • 86
엄마 • 87
능소화 • 88
동백꽃 • 89
프리지어 • 90
마음 • 91
노란 옷을 입으셨네 • 92

제4부_당신을 사랑하겠어요

시집가는 딸 • 95
나무는 가고 꽃은 피고 • 96
3살 아주 눈 • 98
별 • 99
2월에는 • 100
神만이 나무를 자라게 한다 • 101
그러하외다 • 102
완두콩의 하루 • 103
아들 군대 가는 날 • 104
산그늘 아래 벚꽃 • 106
우물 이야기 • 107
은행나무 연인 • 108
행복과 이별하지 않겠다 • 109
눈물 한 방울 • 110
우리는 강물처럼 만나는 사이 • 112
얼마일까요? • 13
정 • 114
설렘 • 116
찔레꽃 향기 • 117
당신을 사랑하겠어요 • 118
우리 딸 • 120
라일락꽃 • 122

■ 시집 해설
사랑을 노래하는 시인 안명희 • 124
　　　　　- 류재신 박사

※ 본문 페이지에서 한 연이 첫 번째 행에서 시작될 때에는 < 표기를 합니다.

제1부_기억하다

불면증과 시

밤이 되어서야
밤과 관계 맺는 법을 알았다

불면증은 더 이상 내게 고통이 아니다

낯선 세계가 아닌 무서움의 시작일 뿐
강한 존재를 알아가며 내 이야기와 친해져 간다

생각하는 거 고통을 이겨내는 거
당신과 잘해보는 것들

그런 것들이 그 어둠 속에서 드디어 탄생하니까

그러니까 자궁 속도 어둠이었다지

검은 창문은
나를 어둠의 세계로 데려가고 싶은 꿈을 꾸고
아랑곳없이 내 속에서는 점점 밝은 별 하나가 떠오르고

드디어 점 하나 나를 매달고 간다

엄마는 바쁘다

멀리 떨어져 살아도
자식이 잠들고 난 뒤 잠자고
자식이 일어나기 전 깬다

시장에 가면
자식이 좋아하는 음식 만들고 싶어서
자식 먹이고 싶은 좋은 거에 눈길 가고
저것은 두었다 자식 올 때 사야지 점 찍어둔다

정작 본인 먹고 싶은 것은
무엇인지 생각나지 않아
빈손으로 올 때도 있다

시간을 본다
이때쯤이면 출근하겠지
이때쯤이면 집에 도착했겠지

괜스레 폰을 열었다 접는다
누가 보면 꽤 바빠 보일 거 같이

혹시나 자식들이 전화했는데
못 받으면 어떡하지 싶어서이다

<
안 받았다고 나중 또 하지 않으면 너무 슬플 것 같다

생각도 바쁘다
혹시 전쟁 나면 어떡하지
기름값 오르지 않아야 하는데

미세먼지가 우리 자식들
힘들게 하면 어쩌지 하는
생각만으로도 너무 바쁘다

앞으로 세계가 온난화되는 거 막아야지
내 자식들 내 손주들 건강 나빠지면 안 되니까
암 절대 그런 일은 없어야지

기후야 천천히 변하거라
세월도 천천히 가거라

좁은 방에서 엄마는 세계 걱정 다 하고
나라 걱정 경제살리기 걱정
모든 걱정이 엄마의 몫이다

머리도 좋다
똑같은 말을 날마다 까먹지도 않고

주문처럼 외우시고야 잠을 잔다

엄마는 말한다
내가 걱정 다 해줄 테니
너희는 맘 편히 살거라
엄마는 잘 살고 있으니
엄마 걱정은 절대로 하지 말거라

요양병원

요양도 하시고 친구도 사귀시고
의사한테
치료도 받을 수 있고

삼시 세끼
따뜻한 밥 나오고

비가 와도 눈이 와도
걱정 없는 곳이라고
어머니를 달랬는데

얘야
그리 좋은 곳이면
우리 같이 가자 하신다

한 시대를 건너오신
달고 지혜로운 말씀

응달에 걸어놓은 곶감처럼
주름진 얼굴로
함께 말라간다

햇볕 한 줌

소꿉장난 여자애는
진흙에 물 한 수저 붓고
햇볕 한 줌 넣어 아침상을 차리고
그것을 먹으며 맛있다고 한다

웃고 싶은 날 울고 싶은 날
손끝을 찰랑거리며
머리카락 끝을 간질러 주는

햇볕 한 줌
가만히 가만히

모든 게 다 있는 거 같다
모두가 다 모인 거 같다

가장 맛있는 밥상이 한 상 가득 차려져
올 거 같다

아버지의 향기

낡고 오래된 나룻배 한 척
나루터에 종일 매여있다

지난 삶이 푸르렀는지
배꼽 사이로는 푸른 풀들이 무성하다

바스락거리는 어둠이 내려오는 저녁이면

달그림자
칠 벗겨진 뱃머리에서
같이 헤엄친다

오래 앉아도 편한 나의 나룻배
강을 맴도는 그림자
알몸처럼 떠 가고

석양에 갈 곳을 찾아
잔물결에도 흔들렸다가

동그랗게 같은 자리에서
하루가 간다

산

여명을 품은 붉은 산

붉고 푸르러 가까이 갔더니

빼곡하고 깊어

달빛 머리에 이고 되돌아가는

내가 왔던 길

내가 꽃이 되고 보니

내가
꽃이 되고 보니
참 좋더라

벌도
나비도
아가의 손길도
붉은 눈동자도
푸른 얼굴도

모두가
내 앞에서 웃더라
이럴 줄 알았으면
진작 꽃피울걸

왜
웅크리고
뽀족이 있었을까

말 냄새

말하고 있어요
무슨 말인지 모르는 말을 내가 합니다

내 말 듣고 좋았나요
내 말 듣고 웃었나요
나도 같이 웃습니다

나도 모르게 자라는 가시가
말속에서 밥을 짓습니다
설익은 밥을 종종 짓습니다

상처가 되었다면 용서를 바랍니다

말이 말을 듣습니다
말보다 많은 귀를 달고
마음속에 살고 있습니다

말이 마음 아파합니다
들어서 아프고 말해서 아프고
말하지 않아서 아픕니다

아프지 말라고 그럴 수 있다고 귀가 말해줍니다

＜
말은 힘듭니다
순간의 실수를 평생 갚으며 살아야 하니까요

말은 아직도 뜸 들이는 중입니다
구수한 냄새가 차오르기까지

안경

핑계일까

책을 읽어서라고 해두어야지

자음 모음이 날아다니고
숫자가 겹쳐 보이는 날

언젠가 한 번쯤은 쓸 일이 있겠지 하며 사 두었던 돋보기안경
기억조차 가물해진 책상 맨 아래 서랍에서 찾아내어
다행이라고 하며 귀에 건다

늘어진 목주름 화상같이 패인 숨구멍들
상처 난 가슴속에 멍울진 표고버섯 같은 점들

그리움이 떠다니고
그 속에서 내가 나를 본다

기억하다

생일날
낯선 포장 꾸러미가 택배로 왔다

상자 안에 또 상자 하나
마치 감춰진 마음이 잘 포장된 것처럼
포장끈도 예쁘다

차마 가위로 자르지 못해
곱게 펴서 어디에서 보낸 것인지 재어본다

네 심장에서 내 심장으로 오기까지
많이 떨렸을 거다

고이 접어 나만의
비밀 상자에 넣어두고

너와 나를 이어주는
기억의 끈으로 표시한다

지하 방에서 침착하게 살아가기

그해 겨울에 지하 방으로 이사했고
다음 날 아침 현관문을 열자마자
벽보다 높은 계단이 사람처럼 보였다

세상의 모든 빌딩은 계단으로 통한다는 것을
이제야 안다

여름까지 커튼치고 사는 법을 배우며

아침에
커튼을 젖히면 신기하게도
늘 같은
회색 벽이 낯설지 않고

비가 다녀갔는지
눈이 찾아왔는지
햇볕이 서 있었는지

어둠의 단어들이 죽지 않게
조금씩 책장을 넘기고

땅 위에서 사는 일은 어땠는지

기억하는 것들을 잊지 않아야지
투명 잉크로 기록해 둔 날들

이곳에 산다는 것은
더 높이 가고 싶은 곳이 있는 거라고
주문처럼 외우는 날이 있었다

중년의 미소

새벽 강가
홀로 나는 새 한 마리 고요하고

저녁이면
홍갈색 노을을 붓에 묻혀

이 집 저 집 오색 기둥으로

덧입힌다

달걀 반쪽

어릴 적 제삿날이면
달걀이 상에 오른다

톱니처럼 자른 달걀 반쪽 쳐다보다
밤 12시 괘종시계가
나를 먼저 먹고

벌겋게 충혈된 눈은
벌써 구석 어딘가에서 잠이 들었다

몸속에서
무엇이 지나간 듯했지만
고요한 아침을 맞고

그토록 지키고 싶었던
달걀 반쪽이
상위에서 구르고
나는 안도의 숨을 쉬었던 그런 때가 있었다

달걀 서너 개가 상위에서 나를 쳐다본다
지금도 그토록 나를 지키고 싶은가요

밀고 가는 것 끌고 가는 것

커다란 수레가
언덕을 오른다

밀고 가니
집채만 한 큰 수레만 보이고

뒤돌아서서
끌고 올라가니
하늘도 땅도 다른 세상도
나를 따라온다

내가 그들을 보는 것처럼
그들도 나를 본다

풀꽃

당신을 꽃이라 부릅니다
내가 넘어질 때
내가 잡고 일어서는 꽃

내가 넘어진 자리에서
나를 기다려 주는 여름꽃

당신의 이름이 없었음을
나를 일으켜 주었을 때
알았습니다

바람이 부는 날에는
더 눈여겨 봐주시던 어머니

땡초 남편

여름내 살아있어 주어 고마와요
푸르르며 붉으며 누르스름한
멋쟁이

단단하고 강한 속살
번지레한 자태는
수명 긴 꽃봉오리

맵싸한 향기로 내게로 오니
뛰어도 굴러도 봐도
장구한 역사가 흘러야
비워내는 속 살처럼 아프다

누군가는 당신을 좋아하고
누군가는 당신을 멀리하지만

꼭 있어야 하는
당신의 맛 자리가 숭고하다
나는 땡초 당신은 나의 꽃봉오리 되는 날

강물 굽이굽이 아픈 자리 서럽게 안으며
부딪힌 어깨 은빛 물결 이뤄

흘러 흘러 보이지 않을 때까지

봉숭아꽃

바람이 멈춘 여름 낮
화단에 가만히 들어와 핀
봉숭아꽃

땡볕에 잘 구운 돌멩이 찾아
봉숭아 꽃물이 가슴에서 품어져 나올 때까지
방아깨비 같은 그리움을 찧고

손톱 끝 물든 자국이 남아 있을 때까지
그 여름을 부르고

기억에서 한 줄기 실이
열 손가락 끝에 이슬처럼 매달리고

연붉은 초승달 사이로는
엄마 꽃이 핀다

주남 저수지에 오면

주남 저수지에 오면
나는 고독한 새 한 마리 되어
파란 물 언저리를 빙빙 돈다

주남 저수지에 오면 나는
길 가 논밭에 남겨진 향기 나는 누런 이삭들과
버무린 햇볕을 익혀 먹는 철새가 된다

주남 저수지를 거닐면
지난가을 무수히 만났던 억새들
달빛을 휘감아 노을처럼 붉어져 가고

바이올린 켜는
재두루미 발걸음 소리
오래도록 귓가에 살금거린다

주남 저수지에 오면
흔들리는 연인들의 머리카락 스치는 소리

청둥오리 깃털처럼 반짝여
나는 어느새
그 뒤를 따라 걷고

<
연인처럼 웃고
연인처럼 말하고
연인처럼 손짓하며
서로를 기댄다

감자밭에 묻어줄까

감자밭에 묻어줄까
쑥쑥 자라보게

철들지 않은 너
게으름 피우는 너
빼질한 너
말 안 듣는 너
공부 안 하는 너
늦잠 자는 너
시집 안 가는 너
일하지 않고 놀고먹는 너
장가 안 가는 너
남 핑계만 되는 너
지 좋은 거만 하는 너
꿈꾸지 않는 너

모든 거 다 합친 거 같은 나

감자밭에 묻어줄까
쑥쑥 자라보게

잠들의 푸념

잠은
쉽게 잠들지 못한다

깨어나지 않을 잠이지만
슬퍼하지 않는다

잠은 잠에게 말한다
그냥 푹 자

세상은 이렇게 왔다 가는 거라고

옥수수

촘촘한 옥수수
한 알이 웃기까지

무릎 꿇고 땅 사이를 기어가는
낮은 걸음마가 있다

세상의 모든 설익은 것들
거추장스러운 옷들을 벗고
누런 잎새를 떨구며 초록숲을 천천히 긴다

익숙한 색으로 물들어 가는
여름의 끝에는

노란 알갱이들의
방한복 같은 미소가
낯설지 않다

제2부_주남 저수지의 하루

나무처럼 생각하기

어릴 때 당번이 되면
장작을 주어다가 교실 난로를 피우고

그것을 끼고 몸을 웅크렸던 그때의 기억을
나무속에서 가만히 느끼고 싶다

나무의 온기가 내 체온을 데우며
나무의 아주 작은 숨구멍에서
새잎이 나오는 봄을 상상한다

겨울이 다 가기까지 새잎이
떠난 자리에서 오돌오돌
떨고 싶다

나의 온기로
슬픔을 불러일으켜

슬픔의 땅에서 새잎이 돋아나는
찬란한 씨앗이 되고 싶다

부부

차갑지도 뜨겁지도 않지만
내가 이 사람을 사랑하고 있구나

몇 달은 땡볕으로 구워지고
몇 밤은 찬 서리가 내리고
천둥과 번개는 수없이 다녀가고

큰 것은 날리고 작은 것들은 주워 담은
어리석었던 날들

초승달 길이거나 보름달 길이거나
은하수 길이거나
수십 년을 같이 걸어온 길

시냇물처럼 졸졸거리다가
강물처럼 껴안고 흐르다가
바다처럼 멀리 갔다가 돌아온 사이

그 길 위에서 단단해지고 동그래지고
붉은빛 노을로 익어간다

곶감처럼 주름진 얼굴이 예뻐 보인다
흰머리가 듬성듬성 파뿌리 같은 머리가

빛나 보인다

천천히 걷는 너의 뒷모습
조심히 다가가 껴안아 주고 싶다

단추를 끼워주고 신발 끈을 묶어주며 잘 놀다 오라고
문 앞에서 길 끝까지 쳐다보는 사이

깜빡깜빡 잊어버리면서
좋았던 추억만 붙잡고 싶은 사이

그래서 평생 사랑했다고
자신 있게 말해주는 사이

밥 먹다가 마주 보며 실없이 웃고
오래도록 내 옆에 있어 달라고
기도해주는 사이

뜨겁지도 차갑지도 않았지만
내가 이 사람을

이토록 사랑하고 있었구나

밥

커피를 밥처럼 먹는 날
누군가의 시를 읽다가
아 좋다 한날은

이것밖에 안 되는 머리에게 생트집을 잡다가
딱히 별로 할 일이 없어서 한 일이 아닌
나의 전부니까 하며 위로를 건넨다

빗줄기가 거세어지다가
커피포트에서 물 끓는 소리가
점점 낭만적으로 들리고

슬픔이 집을 비운 날 기쁨이
내 집을 온통 차지하는걸
허락할 거야 말 거야를 물에게 묻는다

그냥 같이 뭉개며 살면 될걸
시들어 죽어가는 상추 앞에서
배고파 죽을뻔한 적이 생각난다

까맣게 탄 거 시들어 가는 것들이
내 밥이다

<
같이 뭉개며 살고 싶은 게 있다
떠난 사랑을 붙잡고 싶을 때가 있다

강하자 할머니 집 대나무

속을 비워
더욱 단단한 근육질

바람에 단련된 뿌리는
두더지처럼 땅속을 헤집으며
우리 동네 강하자 할머니 집 부엌 천장을 뚫고 들어왔다

그해 지진에

실핏줄로 감은 질긴 뿌리 내려
요동치는 땅속을 잠재우고

푸르른 침묵으로 그 땅을 지켜낸
강하고 싶었던 나무 한 그루

오늘도 잘 버텨내는 강하자 할머니가
거기에 살고 있다

6월에 온 손님

내 남자의 자식이 웃음소리가 닮은 여인 한 명과
자신을 꼭 빼닮은 여자아이와 어린 남자 아기를 안고
나타났다

내 여름은 그렇게 왔다

나와 닮은 곳이 있겠지 생각하다가
참 나는 죽었지 하는 것을 금방 생각해 냈다

꽃씨 하나가 피는 것을 보았으니까

짧은 미간 사이로
내 마음이 아프다고 생각하다가
아픈 게 아니었다고 다시 생각했다

내가 안다는 것이 다 아는 게 아니었다가 라는 걸 안
다며

모두가 감사라며 울었다
돌이키지 않아서 다행인 6월에
누군가의 울타리가 되어가는 중이다

미역국

미역국은 슬프다
내가 태어날 때 아팠을 거니까
가끔은 나를 보고 웃듯이
너를 보고 웃어줄게

이제는 더 이상 울지마

그 슬픔이 너라서

그 여름의 자두

올여름
가만히 생각해 보니
자두를 먹지 못한 거 같다

조금은 억울했을까?
늦자두 서너 개를 먹으며

아 좋다 아 맛있다
나 혼자인 방에서
내가 말하고 자두가 듣는다

검게 익은 국물이 손목을 타고 흐를 때
나는
내일을 염려하지 않는다

가끔
내일이 안녕이라고 말해주면

긴 빨대를 통과하는 공기처럼
검은 슬픔도 앗아갈 것이다

주남 저수지의 하루·1

붓으로 그은
어느 화가의 한 획이
가을이면 새가 되어 내게로 온다

깃털에 묻은 먼 나라의 슬픈 이야기
고요하고 푸른 파문

꼭 다문 입술 작은 언어들
하나의 음률로 바스락거린다

긴 망상의 시간을 달려온 피로가
단 한 번의 물매질에 씻기어지는 땅

물에 잠긴 엉덩이에서
기름이 새고 날개는 빛난다

요란한 폭풍 속 어둠을 꿰뚫은
햇볕 한 줌
샘물 길어 영혼을 씻어준다

주남 저수지의 하루·2

푸른 수초 틈새로 머리를 숙여야
허기를 채우는 하루가 있다

새벽이슬이
철새의 풀숲에서 잠들 때까지
고독을 꿈꾸는 하루가 있다

기다리는 사랑이 어디쯤 오고 있을까
물가를 맴도는 하루가 있다

고요한 수면 위로
흩어진 이야기를 찾아

밤에 떠나는 철새들의 하루가 있다

늦은 외출

늦둥이 호박 한줄기가 담벼락 위로 기어오른다

노분순 할머니는 지팡이 끝으로
호박 머리를 안쪽으로 밀어 넣고

쨍쨍한 가을볕을 뒤로 받으며
짱짱히 걸어가신다

하늘이 몸 뒤집어
손짓해 주기를
두 손 잡아 주기를

저녁 빛 노을 속으로 걸어야 한다

혹시

혹시
여기에 있던 거
당신이 가져갔나요

내 마음 슬쩍 놓고 간 거
당신이 모를 리 없잖아요

여기에 포개둔 당신의 약속
다시 갖고 가셨나요?

오후에 햇살처럼 둘둘 말아
무심한 듯
   .
   .
   .
그냥
갖고 가셨나요

경상도 버전

기차 안에서 자리를 잡았다
A인지 B인지 앞 숫자만
보고 앉은 경상도 아줌마

대구역에서 아저씨 한 사람
타더니
휴대전화 보고 있는 아줌마에게

빕니까 말을 건다
경상도 아줌마 친절하게
잘 빕니다 핸드폰 글자가 크거든요

정말 빕니까
아직 눈은 쓸만해요 잘 빕니다

경상도 아줌마 창밖으로 소복히
싸인 눈을 보고 있는데

경상도 아저씨 빕니까
아니예요 눈이예요

창밖으로 가을이 가고 있네요

<
경상도 아저씨
진짜 말 못 하게 슬프네요
거 4B 내 자리라구요

유럽 잠자리

우리는 꽃 보고 날아가야지
우리는 바람 타고 흘러가야지
우리는 꿈을 싣고 날개를 저어야지

총성 들리는 곳은 있고 싶지 않아
떠나야지
긴 밤 잘못 이루는 아이들의 어깨 위에
미소로 있어 줘야지

배고픈 눈동자에 어리는 눈물 빵 여기 있다고
흔들어 줘야지

국경 넘어 애절한 사연
깃발처럼
꼬리를 세워 들어야지

은빛 날개로 엮어 짜야지
고국에서 들려오는 신선한 소리를

용사들의 순결한 노래를
그곳이 내가 사는 땅이라고 소리쳐야지

* 우크라이나 전쟁

코

비밀을 삭이며
천년을 지켜온
오목한 동굴

신에게
시비를 걸어보는
하늘길

숨길을 퍼내고
들이쉬는
영혼의 우물

신이 드나드는
비밀의 장소다

고독

민들레가 죽었다

끝없는 상념을 향하여

벼랑 끝 틈새를 기어오르고

고독의 입체적인 이름뿐이었다
누군가가 나를 노려본다

숨겨진 출구를 찾아
더 높이

올라타고 싶다

나팔꽃

폭풍 다녀간 아침 하늘은
마치 바늘로 꿰맨 것처럼
상처투성이

검은 구름은 사제복을 두르고
이 땅을 치유하소서
소리치며 달리고

폭풍 사이 고요한 숲 그늘에
숨죽이며 피어 있는 나팔꽃 한 송이
보랏빛으로 부지런히 하늘을 닦는다

엄마 젖 입에 문 아가처럼
다시 평온해진 하늘 아래에서

홀로 선 나는
작은 나팔꽃

폭풍 지난 뒤
고요한 그늘 숲 사이로 숨죽이며 피어 있다

죄송합니다

예쁜 옷 예쁜 신발 못 사드려

좋은 곳에 많이 못 가드려

자주 찾아뵙지 못해

맛있는 것 많이 못 사드려
죄송합니다

앨범 속에서 새까만 머릿결과
새하얀 앞니를 풍성히 내밀고
활짝 웃고 계시는 어머니

약속은
왜 자꾸 미루게 되는지

배춧잎 같은 어머니의 웃음소리
타박타박
가슴을 두드린다

6월의 기억

칠원 중앙교회 카페 앞에는
공터가 많아서 더러
농사짓는 분들도 계시고

제 맘대로 핀 들꽃들은
하늘하늘 눈길을 끌어당겨
한 번쯤은 저런 들꽃이 되어 살고 싶다는 생각이
6월처럼 지나간다

25개월 윤재는 딸기 아이스크림을
나는 따뜻한 아메리카노를 주문했는데
우주에서 이곳까지 오는데 66년이라는 시간이 지나고 나서였다

넓은 챙모자를 쓴 농부 할머니가 6월을 밀고 들어와
아이스 아메리카노 4잔을 주문했고

우리는 같은 테이블에서 오랜 친구처럼 마주 앉아
그 커피가 속히 나오길 아니 얼음조각을 많이 담아주기를 같이 기다렸다

기계음이 멈추는 틈을 타서
아기가 귀엽다며 말을 건네는 그녀에, 나는

윤재야 할머니께 "안녕하세요" 인사해 볼까?
말하고선 속으로는 고개를 까딱하며 인사하는 모습은
얼마나 귀여운데요 하며
윤재가 고개를 갸웃거려 주기를 기다렸다

잠시 생각을 했을까

그 작고 조그만 집게손가락을 천천히 펴더니
볼록한 내 가슴을 꼬옥 눌러
지구의 주름진 얼굴을 불러왔다

마치 단추를 누르면 음악이 쏟아지듯
그 짧은 사이 미소가 지나갔다

66년 만에 만난 할미와 손주의
골을 파고 남긴 진한 생채기

딸기 아이스크림이 사이사이 박힌 되새김 얼룩이
뜨거운 용암처럼 목에 점차 차오르며

"할머니가 진짜 내 할머니야"

그 작은 손과 발로 킥보드를 밀며 집으로 오는 동안

먼 훗날 그때 6월이 기억하는 가장 잘한 일은 맞아!

너를 오랫동안 바라보는 거
그래서

아팠던 것은 다 잊었다고 끝까지 말하는 거

감자와 아주

하미가 간다니까
벌써 보고 싶어져요
안 가면 안 돼요
오늘 갔다가 오늘 오면 좋겠어요

내가 유치원 갔다 오면 집에 와 있으세요
마치 오늘이 없어진 것처럼

지금처럼 소파에 앉아 있으세요
유치원 안 가고 하미랑 같이 놀고 싶어요

하미가 만들어 준 감자조림 더 먹고 싶어요
뜨거워도 참을 수 있어요
호~ 한 번만 불어주면 돼요

하미랑 같이 먹을 때가 제일 맛있어요
그러니까 지금 하미랑 같이 더 먹고 싶어요

냉장고에 넣지 마세요
냉장고는 추우니까요
감자는 추운 거 싫어해요

나도 그래요

하미가 없으면 추우니까
하미가 옆에 꼭 같이 있어 줘야 해요

나도 감자예요

* 2024년 8월 13일 아침에 아주가

소망으로

그대를 찾아
내 사랑 걸어갑니다

제비 떠난 둥지를 올려다보면
깊어진 그리움이
거기에 아련합니다

무화과 잎 떨어진
가을 아침을
앙상한 가지 밑에 묻었습니다

헐거워진 내 몸 한 조각 땅에서 자라
새로운 가지 무성한 잎새로 노래할 때
나는 그 나라에서

다시 피어날 겁니다

제3부_엄마

서랍에서 꺼내다

사랑받고 싶은
사람들에게 오래도록 기억되는
잊혀지지 않는 사랑 받고 싶다

오래 두었던 것들을
서랍에서 꺼내며
깃털이 내려오듯
등 가벼운 그런 사랑 느끼고 싶다

묻혀지고 싶은 것들을
그냥 묻혀두자고 할 때
말없이 눈빛 나누는
편한 사랑하고 싶다

웅크린 등짝에 빛이 고이고
그 빛이 여기까지라고

그런 사랑도 그렇게 아쉬워
했노라고

울컥하는 그런 사랑 옆에
줄을 선다

나보다 아픈 사람아
- 종순 가환 점순 남편들이 신장 심장 수술하던 날

나보다 더 아픈 사람이
저기에 누워있다

수술 전 검사가 이렇게 많고 복잡한 줄을
생명을 저당 잡힌 날 알았다

복도는 산 자와 죽은 자들의 지평선
살았을지 죽었을지 모를
어느 만남에서 눈을 떠 보니

작은 이불을 덮고 떨고 있었을 사람이 저기 누워 있다
지난밤부터 죽어갔을 사람아

나보다 더 아픈 사람이
저기에 있어서 다행이다

나보다 더 아픈 사람이 사는
저기가 내 집이다

꽃

시든 꽃이라고 슬퍼하지 마세요

한때는 곱고 눈부시어
모두가 바라보며 눈짓하는 젊은 날이 있었지요

열매 없는 꽃이라고 기죽지 마세요
한때는 이곳저곳 씨를 날리며
수많은 꽃을 피운 시절이 있었지요

빛이 없는 꽃이라고 낙심하지 마세요
화장기 없는 엷은 피부는
가끔 살굿빛을 발하고
산뜻한 미소에 수고하고 지친 나그네
힘을 얻을 테니까요

단감
― 석산마을 김성구 할아버지 단감

알알이 영근 진주가
우주의 구멍 사이에서
너로 태어나고

너 하나에 큰 딸내미 책가방
너 하나에 작은딸 빼딱구두 한 켤레

너 하나에 아들 자전거와 만화책 한 권
아내 털신 한 켤레

널 바라볼 때마다 날 바라보는 게 누군지 안다

태풍도 벌레도 된 햇볕도 이겨내고
찬 서리로 단단히 여물었구나

무른 단감은 모두가 내 차지되고

아프지 마라 거기에서
네가 있어야 나의 인생도 있다

밤낮 자고 깨고 하면서
달이 꿈꾸는 네가 되었듯

<
가을이 오면 또 너를 만난다

흙이로소이다

그날은 빛도 없었고
겨울눈도 없었고
냇물도 없었고
밋밋한 어두움의 울림만이 있었다

영이 수면 위를 운행하면서
오직 말씀이 하나둘 날을 새고
보기에 좋은 것들을 빚어내고 좋았더라 하였다

손가락을 여섯 번째 펴는 날
흙 속에서 나를 닮은 거인 한 명 걸어 나온다

그때부터 작은 거인이
땅의 주인이 되었다

1970년 라면

죽어가고 있었다
그
꼬불꼬불한 것이

저녁 동그란 식탁에서 빼앗긴
13살 단발 소녀의 꿈

한 번 가면 뒤 돌아보지 않는
꼬불꼬불한 것들의 사막

그것뿐 일까
바닥에 누운 국물을 걷어 올릴 때

소녀는
빼앗긴 것들을 지키기 위해
먼 곳을 향해 달렸다

지금
소녀가 가장 지키고 싶은 건

꼬불꼬불 너에게로 가는
멀고도 긴 마음이다

밥물 안치기

세 살 윤재가
밥솥 쌀 물속에
손을 넣고 밥물을 잡는다

그 조그만 손이
밥이 고슬고슬해지고 입속으로 동그랗게 들어가는 것을 생각했는지
웃고 있다

저 손으로 해 준 밥이 노랗게 익기까지
포기하지 않는 사랑이 자유 하게 되기까지
계속 웃어주길

속도를 늘려야 하는 곳 줄여야 하는 곳이
손목의 표시로 밥물을 재듯이
잘 지켜지기를

평생 잊지 않을 여기까지가
네가 지켜야 할 선이라고
하얀 밥물이 넘치지 않는 경계라고

거기까지가 빛이 되는 걸 약속한다

아주와 앵무새

  그 여름에 유난히도 붉은 볼을 띤 7살 소녀가 갈래머리를 하고
  아주 예쁜 모습으로 내게 왔다

  일곱 살 소녀가 내 집에 온 날부터 내 집은 사라지고
  소녀의 물건 옷가지 색종이 모자 등으로 가득 넘쳤다
  올 때 앵무새를 한 마리 데리고 왔는데
  하루 종일 나를 따라다니고 내 말 흉내를 내서
  소녀와 나는 하루 종일 깔깔대며 웃고 걸었다
  앵무새도 가고 소녀도 가고 그 여름도 가고
  그날부터 소녀를 닮은 앵무새 한 마리 키우며
  내 집에서 같이 살기로 했다
  내가 앵무새 되어 말하고 둘이 있는 것처럼 같이 웃고 둘처럼 걷는다

* 2024년 8월 아주가 온 날

시 굽는 주전자

나만의 빵을 맛보고 싶어
직접 빵을 굽기로 했다

밀가루 버터 우유 계란을 빼고
귀리 메밀 효모 발효효소 치커리 로즈메리 셀러리를 넣으면서
아마도 이 세상에서 맛볼 수 없는 희한한 빵일 거라고

목구멍이 말한다
빛이 없는 사막의 만나처럼

그 찰랑거리는 목구멍이
침착하게 부푼 빵 속을 들여다보며
내 이야기를 빵 속에 듬뿍 넣고

드디어
주전자 닮은 빵이 세상에 나왔다

100세의 기도

100세 되신 할머니
하루 종일 마루에 앉았다

먼 산 바라보며 하는 말
꼭 하나뿐인 소원인데 들어주지 않아
가슴이 시려

지지난해 99세 할방구 저 산이 데려갔다고
그래서 날마다 나도 데려가 달라고 부탁하는데

가는 길을 몰라 헤매이는 저 산은
밤이면 속눈썹을 이불처럼 덮고
어둠 속을 떠다니는 별이 된다

세월이 시위를 당긴 화살처럼 빠르니
걱정하지 말라며 활처럼 휜 등을
도닥여 주며 사라진다

그네

그네입니다
바람처럼 이리저리 다니며 세상을 보는 그네입니다

1주일 사는 매미와 하루살이가 놀고 있습니다
내일 만나자 매미는 말합니다
하루살이는 내일이 뭐야 묻습니다

네가 모른다고 없는 건 아니라고 그네는 말합니다

지구 씨는 9억4천2백 킬로 태양을 돌아 제자리로 옵니다

누가 나를 멀리 보는 바람으로 기억해 주면 좋겠습니다

세상이 여기가 세상 끝이라고 말하는
끝길의 끝까지 가본 바람
끝없이 펼쳐지는 절벽을 보고 온 바람

나는 백 년 정도밖에 못삽니다
시간과 공간의 두 끈에 매달린 그네입니다

어느 날 두 줄이 뚝 끊어지면
낙엽 속으로 들어갑니다

<
너는 흙이니 흙으로 돌아갈지어다

그리움

그리워하는 그리움이
손이라면

봄 버들잎 부드러운 손길로
나의 머릿결을 쓰다듬어 줄 겁니다

그리워하는 그리움이
어깨라면

둥그런 여름 동산 푸른 빛으로
오랫동안 머무를 겁니다

그리움이 가슴에
먹물처럼 새겨지는 날에

그 꽃

그 꽃이
그 길에 피어있다

보일 만큼만 떨어져서 쳐다보고
들릴 만큼 거리에서 피어나는 소리를 듣고

다가가고 싶은 만큼만 가서 본
그 꽃

아침 이슬에 젖으며
봄비에도 떨었을
처녀의 젖가슴처럼
한결같이 피어 있던 나만 몰랐던 꽃자리에
어느샌가 핀 꽃

이제는 다가가 꽃만큼의 키로
같이 피어가고 싶다

멀지 않은 사랑을 꿈꾸며
나비처럼 빌고 싶다

국화 옆에서 쓴 자서전

찬 이슬과 해진 사연들을
받아냈을 동그란 몸

잎새마다 주름지고 쇠잔한 향기는
긴 침묵으로 세상을 받아냈을 것이다

네가 빛나는 날 네 안에서
흐느끼는 우물 소리가 들린다

노란 꽃이 흔들릴 때마다
심장에서 손끝이 저려오고

너의 창문에서
새벽까지 더듬어온
오솔길의 이야기가 들린다

자전거 바퀴같이 창창한
한 남자의 숨소리가 동그란
그림자 위에 깃들고

첫째 둘째 셋째 넷째들이
휘몰고 온 장대비 같은 것들

＜
끊어졌다 붙은 페이지마다
딱풀로 고정해 둔다

하얀 목련

나의 수줍은 뜨락에
홀로 밝히는 등불 하나 있다

소리 없이 내리는 새벽이슬은
아침 볕에 눕더니 흔적도 없다
마치 첫사랑이 가버린 그날처럼

그 자리에 등대처럼 빛나는
등불 하나 켜주는 사랑이 있다

온 세상에 그대의 향취가 그윽하고
사각사각 피는 그대 목소리에
타다만 붉은 노을 너를 안고 쓰러져

새벽이 오는 높은 산 위에
커다란 알 하나 하얗게 밀어낸다

엄마

올해는 아프지 않으시면 좋겠습니다

잘 걸으시고, 잘 잡수시고, 잘 웃으시고
잘 생각하시면 좋겠습니다

나를 보면
반갑다고 안아주시면 좋겠습니다

예전처럼 나에게 잔소리해 주시면 좋겠습니다

짧은 치마 입지 마라, 머리는 꼭 말려라,
밥 꼭 챙겨 먹으라, 허리 펴고 앞 잘 보고 걸어라,
정신 똑바로 차려라, 높은 구두 신지 말라,
뛰지 말고 천천히 걸어라 넘어질라

마음도 몸도 춥지 않고 먼저 가신 아빠
더 이상 원망하지 않으시면 좋겠습니다

봄이 오면
엄마와 두 손 꼬옥 잡고 꽃구경하러
꽃 많은 꽃동산 놀러 갈 수 있으면 참 좋겠습니다

능소화

7월 이맘때쯤
어느 골목길을 걷다 마주친
그리움 한 그루

연 주홍빛 속살을 드러내며
환희 미소 띠고 서 있다

담장을 가볍게 넘어
하늘로 뻗은 영광

무성한 꽃과 가지가
만들어 낸 그늘
만남의 샘터가 하늘거린다

멀끔히 쳐다보는 눈길
허리까지 찬찬히 내려다보며
옛날얘기를 재잘거리고

저녁노을에
낯빛은 더욱 고와져

골목길은 도란도란
지난날을
능소화에 걸어둔다

동백꽃

흙에서 홀로 피는 것은
외롭고 슬픈 거라며
울면서 피는 꽃이 있다

내가 피었다 진
이 길 끝에서

눈감지 말아야지
네 붉은빛 속에서 너의 붉은 젖으로 물들어야지

붉은 꽃 한 송이 피워내는 건
누군가를 가슴에 안고
가시에 찔리며 아파 피는 것

독한 사랑으로
울부짖다가 몸부림치며

사랑이 떠난 그 자리에서
더 붉게 오래 피는 꽃

내가 더 오래 쳐다보는 꽃

프리지어

프리지어
너는 웃고 있다 꽃병 속에서
그녀를 닮은 미소를 띠고

프리지어
너는 울고 있다 꽃병 속에서
봄이 떠나는 설움처럼

프리지어
너는 시들고 있다 꽃병 속에서
어설픈 생의 옹졸함처럼

미소 잃은 얼굴을 하고서

마음

마음이란
잘 가꾼 나만의 텃밭

그대로 두면
바늘 하나 꽂을 곳 없고

잘 가꾸면
온 우주를 품어도 넉넉하다

노란 옷을 입으셨네

나무는 나무를 알아
서로 사랑하며
기대어 자라고

별은 별끼리
깨알 같은 행복의 주파수로
서로를 빛내주고

봄은
겨울처럼 식어버린 냉랭한 땅에
아지랑이 되어 땅을 일구고

뜰에는 노란 복수초
또롱또롱한 희망으로
수선화처럼 의젓이 핀다

우리 주님은
노란 옷을 입고
저렇게 오시는가 보다

제4부_당신을 사랑하겠어요

시집가는 딸

시집이란 말만 들어도 펄쩍 뛰는 딸
엄마 시집이예요

밥알처럼 하얀 시집 한 권이 배달 간다

이팝나무가 하얗게 춤추며 간다

나무는 가고 꽃은 피고

흙으로 가는 길이
멀고 고된 슬픈 일임을
나무는 안다

흙을 파다 보면
마르지 않은 진액
만져지는 하얀 가루들

거기에
울음이 묻혀 있다

네가
넘지 말아야 할 이곳은
거룩한 신의 땅

멀고도 긴 길
어두움의 끈이 빛을 가리는 이곳은
태어난 나의 땅 익숙하다

이렇게 오고 가는 것이
너만은 아닐 텐데

추운 겨울을 한 잎 베어 문 듯

시린 가슴은

봉곳이 새살 돋은 동백꽃 되어
빨갛게 수줍어 핀다

3살 아주 눈

신만이 들여다보는 창문에
네가 딱 걸렸다

맑은 별과 구름과 강물이 흐르고
세상이 처음으로 들어오는 문

은밀히 그 눈을 보다가
신이 딱 걸렸다

별

밤하늘 우주공간에
무수히 떠 있는 별 중에
나와 꼭 닮은
별이 하나 있다

그 별을 찾아
꼬옥 누르면

온종일 나를 비추느라
식어버린 온도에 검게 변한
돌멩이 하나 서 있다

2월에는

저 멀리 누워 있는
언덕이 달려온다

누런 언덕 사이로
초록으로 스케치 된 한 폭의 서양화가
조그맣게 걸려있다

더 이상 갈 곳이 없는 겨울과 밀치고 오는 봄
밀당하는 사랑 사이로

초록은
누런 깃털을 밟고 온다

神만이 나무를 자라게 한다

나무의 나이를 알고 싶어
나무에 기대어
물었다

태풍이 오는 소리 물소리 새소리 바람의 구부러져 가는 길 소리
하늘 높은 곳에 머무는 빗소리 자동차 엔진소리 톱날 소리 아가의 까르르 웃음소리 새벽에 부르는 어머니 기도 소리 아버지의 수염 자라는 소리
아들의 연필 구르는 소리 딸이 까치발 들고 마룻바닥 걷는 소리
봄·여름·가을이 빠르게 가는 소리 겨울이 여우처럼 도사리고 앉아 기다리는 소리

모든 소리를 다 기억하는 나의 라일락 나무
황량한 겨울이면 껍질을 벗겨내며 키가 자라는 비밀이 있다

그러하외다

그러하외다
그러하외다

나는 술입니다 20년 동안
당신의 술 시중을 들었으니

이제는 내 갈 길 가겠습니다
60조 개의 세포들을 다 설득해서

간암 세포를 만들어 놓겠습니다
내 몸에 암세포 탱크를 다 채우겠습니다

그렇게 되지 않기를
그렇게 되지 않기를
대신 죽어줄 한 사람이 필요합니다

미안합니다
내 방식대로의 언어로
사랑하지 않겠습니다

당신이 좋아하는 언어로 사랑하겠습니다

나도 만족하고 당신은 매우 만족하기를 바랍니다

완두콩의 하루

하루는 짧다고 완두콩이 말한다
푸른 꽃이 사라졌다가
다시 필 때까지 더 버틸 수 있다고

푸른 저녁이 지나는 시간까지는

숨을 헐떡이는 비결이 무엇인가요
개구쟁이 아이들은
그 소리를 들으며 꿈속에서도 고민에 빠지고

흙 묻은 지게며 지팡이 삽들을
새벽이슬이 닦아놓고
잠든 주인을 깨운다

흙이 묻은 채 푸른 멍을
닦아내고
잠든 아버지를 부른다

해가 떴다며

아들 군대 가는 날

그 많던 기억 중에
잊히지 않는 기억이 있다

1월의 강원도 눈발은 슬프다
엄마에게 큰절하고
연병장을 걸어가는

아들의 뒷모습은
너무 씩씩하고 멋져 보였다

손 흔들던 연인들
하얀 눈처럼 사라지고

그 자리에 돌처럼 굳어버린 의자
덩그러니 줄을 서고 있다

나는 아들이 기댈 수 있고 고통을 이겨내기를
끝까지 손 흔드는 의자가 되기로 했다

훈련받다가 이곳을 지날 때
너를 끝까지 지켜본 눈동자가 있었고

기억 속의 의자가 먼 곳에서

손을 흔들고

너는 너만의 집이
되어가는 중이다

산그늘 아래 벚꽃

벚꽃을 피우기 위해
나는 아팠고

벚꽃이 지는 날을
나는 알지 못한다

벚꽃이 가로등에 걸려
환히 웃어 주는 날
어떤 아픔도 슬픔도 다 사라지고 말아

나는 그 아래에서
수없이 이별을 연습했다

마지막 햇볕이
산그늘 아래에서 짧게 숨을 쉬면

뚝뚝 떨어져 버린
나의 젊은 날을 주워

늦은 사랑에게 건네고 싶다

우물 이야기

바람은 우물 속에서 둥근 달처럼 차오르고
가을볕은
슬며시 파란 대문을 밀고 들어온다

밤마다 별들이 헤엄친다는
석산마을 심순녀 할머니 집 우물은
마르지 않는 샘물을 길어올리며

낙엽 진 콩잎을 씻어내고
풋내나는 소금기마저
짧은 가을볕에 서로를 위로하며

맑은 하늘에다
다정스러운 한 조각 엽서를 보내고

나 오늘 할 일 다했어
너도 수고 많았다

어여 가서 너도 그만 쉬어라

은행나무 연인

오늘은 샛노란 정장을 입으시고
나에게 오셨네요

가을 내음 한 다발 꺾으시어
온몸으로 웃고서 계시네요

이 계절을 몽땅 내게 안겨 주시네요

가을볕처럼 따뜻한 당신의 숨소리
내 곁에 오래 머물러 주기를

노란 은행잎에
별 하나 달아줍니다

행복과 이별하지 않겠다

오랫동안 같이 살아왔고
한참을 같이 걸어왔는데
그 자리가 그 자리인 거 같은 때가 있다

열심히 살아왔는데
그때나 오늘이 다 똑같다고 생각이 드는 걸 보니
아직도 하고 싶은 게 많은 거 같다

더 무엇이 되고 싶은 욕망이
아직 내 안에 살아 꿈틀거린다

사는 게 달라진다 해도
평범한 거와 이별하지는 않겠다

이별 없는 거
그날이 오늘이라서 행복하다

오늘이 건네준 행복으로
다시 사는 오늘
그것이 내게 행복이다

눈물 한 방울

우물 속 가만히
들여다보면

눈물 자국 떠다니는 암소의
젖은 눈동자가 고여있다

젖내나고 풀 내 나는 어린 새끼의
울음소리가

사형수의 그날보다
더 참담하였으리

국경을 넘어
벧세메스로 가는 가시밭길

멈추거나 뒤돌아보아지지 않는 암소의
두 어깨에 드리운 쓰디쓴 잔

결연의 눈동자가 흘린
눈물 한 방울은

인류의 죄를 대신해지신
죄를 모르시는 주님의

굽힘 없는 몸부림

혹여 그 슬픔
내게 물들면

나도 그런 눈물
흘릴 수 있을까

우리는 강물처럼 만나는 사이

우리 삶은 같은 강으로 흘러가는
시냇물 같은 것

언젠가는 다시 만날 사랑이라고
물결처럼 속삭이며 간다

흐르다 보면 다른 세상으로 가는 문이 열려
그 문 앞에서
어느 곳으로 갈까 망설여지고

저 멀리 어디엔가 서 있을 거 같은
당신의 문 앞으로
헤엄쳐 간다

당신의 얼룩 한 물결 옆으로
손짓하며 부르는 언덕 강가로
하얀 꽃 피는 강물 강가로 노 저어 가는

그곳으로 그곳으로
우리는 강물처럼 만나는 사이

얼마일까요?

지나온 시간을 수로 계산할 수 없는
아픈 엄마가 누워계신다

날 사랑해 준 대가가 얼마일까
키워주고 밥해주고 치다꺼리해 준 대가
속 썩일 때 밤잠 설친 대가가 얼마일까

머리를 쓰다듬어 주신다고
지문이 다 닳았다

그 손바닥으로 땅을 쳤을
땅도 아팠고 엄마의 손바닥도 아팠을 거다

땅에 얼굴을 대고
그때의 이야기를 다시 듣는다

정

정이 그리워
물은
호수가 되고

정이 그리워
낙엽은
흙으로 간다

정이 그리워
초승달은 가끔씩
보름달 속에 숨어들고

영춘화는
언 땅을 엮어
찬 사랑을 들여다보며

노란 꽃으로
정을 달랜다

누가 나에게
정을 만났냐고 묻길래

잔잔한 냇가 조약돌 하나

폭우와 폭염으로
여름내 구워

정이 되었다고
이제는
말해줄 수 있다

설렘

네가 내일 온다면

나는 전날 밤부터

내일이다

찔레꽃 향기

초록이 꿈결처럼 흐르는
5월의 끝과 6월이 마주하는 날

수줍게 내게로 온 하얀 찔레꽃
우리 집 뜰 안에 피었다

그리움으로 지새는
가슴 출렁이는 눈물이 가시가 되었다

도톰한 입술처럼 사랑스러운 가시 달고
새하얗게 핀 너

실바람 부는 저녁 뜰 안에서
소곤소곤 피는 지난날 얘기

내 가시야 아프면 아프다고 말해
사랑은 봉오리 때부터 아픈 거니까

당신을 사랑하겠어요

당신을 사랑하겠어요
바닷가에서 물고기를 구워주시던
주님의
그 무릎 앞에서

당신을 사랑하겠어요
아무도 가지 않은 저주의 땅에
고민하는 사마리아 여인과 나누시던 대화를
엿들으면서

당신을 사랑하겠어요
그날 밤 주님을 세 번 모른다며 맹세한
수제자 베드로를 바라보신
주님의 서글픈 눈동자 앞에서

당신을 사랑하겠어요
하실 수만 있으시면 이 잔을
내게서 지나가게 하소서
그러나 아버지의 뜻대로 하시옵소서

바위와 흙과 무릎 사이에
얼굴을 묻으시고 외치신
주님의 애통함을 기억하며

<
사랑하겠어요
내가 겪는 고난이 아침 이슬처럼 가벼워
당신을 사랑한다고
차마 고백 못 하는 입술로

그래서
나는
슬퍼합니다

당신을 사랑하겠어요

우리 딸

달보다 예쁘고 별보다 빛나고
라일락꽃보다 향기롭고
햇볕보다 따뜻하고 봄비보다 더 달고

종달새보다 더 고운 목소리를 가진
복 중의 복 사랑스러운 딸아

네가 이 세상에 하나의 꽃씨로 올 때
가장 아름다운 꽃이 되길 창조주께 기도했어
따뜻한 햇빛과 보석 같은 흙 부드러운 실바람
영롱한 새벽이슬과 나비와 벌
그리고 더불어 피는 꽃을 주소서

사슴보다 굳센 뼈와 고운 살결과 빛나는 눈동자
도톰한 입술과 사랑스러운 미소
반짝이는 머릿결을 주소서

280일 동안 쉬지 않고 기도했단다

엄마가 힘들 때는 개그로 웃겨주었고
너의 목소리 들으며 잠이 들었어

신이 만든 걸작품 중의 걸작품

굴러다니는 복덩이 내 딸
엄마보다 더 사랑해 줄 단 한 사람
평생 옆에 있게 해주소서

다시 280일을 기도한다

라일락꽃

봄의 노래가 온 세상
가장 달콤한 소리로 핀다

너에게 꼭 하고 싶었던 말
가슴에서 이슬처럼 출렁이는
한 마디 언어

연보라 꽃향기처럼
내 몸에서 핀다

너의 꽃향기 짙어지고
보랏빛 유혹이 황홀할 때
오월은
자박자박 걸어와 내 가슴에서 핀다

사랑의 상처는 녹슨 닻
눈물과 작별할 때

비로소 꽃이 피고
또 내가 핀다

■ 시집 해설

사랑을 노래하는 시인 안명희

류재신 박사
(남아공 노스웨스트 대학교·교육철학 전공)

■ 시집 해설

사랑을 노래하는 시인 안명희

류재신 박사
(남아공 노스웨스트 대학교·교육철학 전공)

안명희 시인의 삶과 시의 주제는 '사랑'이다. 위로 그리스도를 사랑하고, 옆으로 가족과 친구와 이웃을 사랑한다. 온 천지를 둘러싼 자연을 사랑한다. 그래서 그녀의 시는 온통 신과 인간과 자연을 사랑하는 노래이다.

「당신을 사랑하겠어요」는 그리스도의 큰 사랑에 부르르 떨 만큼 민감하다. 낙망한 제자들을 찾아와 생선을 구워주며 격려하는 그리스도. 아무도 찾지 않는 소외된 사마리아 땅 여인을 만나 위로하는 그리스도. 세 번 부인한 베드로를 용서하는 그리스도, 십자가의 쓴 잔을 마다하지 않는 그리스도의 사랑 앞에 자신의 고난은 아침 이슬처럼 가벼워 감히 그리스도를 사랑한다고 고백하지 못하는 슬픈 입술을 한탄할 만큼 솔직하다.

국경을 넘어/ 벧세메스로 가는 가시밭길// 멈추거

나 뒤돌아보아지지 않는 암소의/ 두 어깨에 드리운/ 쓰디쓴 잔
- 「눈물 한 방울」 중에서

「눈물 한 방울」은 젖먹이 새끼를 두고도 사명 완수를 위해 뒤돌아보지 않고 목적지 벧세메스를 향해 앞만 보고 달리는 암소의 슬픈 눈물을 형상화한 시다. 구약 성경 암소의 슬픈 눈물을 신약 성경의 십자가에서 흘린 그리스도의 눈물과 비교한다. 성경은 구약과 신약을 통틀어 '사랑'을 그린 책이다. 시인 삶의 큰 방향은 그리스도의 사랑을 좇아가는 삶이다. 그녀는 평생을 두고 자신의 시의 우물 곳곳에서 십자가의 사랑을 길어 올린다.

No cross, No crown. 십자가의 고통 없이 영광의 면류관도 없다. 시인은 생명의 근원인 대지에 뿌리를 내리는 고통 끝에 빨간 동백꽃을 피우는 나무의 산고(産苦)를 이렇게 표현한다.

흙으로 가는 길이/ 멀고 고된 슬픈 일임을/ 나무는 안다//(-중략-) 이렇게 오고 가는 것이/ 너만은 아닐 텐데// 추운 겨울을 한 잎 베어 문 듯 시린 가슴은// 봉곳이 새살 돋은 동백꽃 되어/ 빨갛게 수줍어 핀다
- 「나무는 가고 꽃은 피고」 중에서

결국 봉곳이 돋은 새살처럼 아름다운 빨간 동백꽃을 피운 것은 땅속에서 인고의 세월을 견딘 나무의 희생적 사랑이다.

오늘은 샛노란 정장을 입으시고/ 나에게 오셨네
요// 가을 내음 한 다발 꺾으시어/ 온몸으로 웃고
서 계시네요// 이 계절을 몽땅 내게 안겨 주시네요
- 「은행나무 연인」 중에서

사랑하는 연인처럼 가을 사랑에 빠진 시인은 노란 잎이 무성한 한 그루의 은행나무를 추계(秋季) 전체로 흠뻑 받아들인다.

「주남 저수지에 오면」에서 시인은 철새, 파란 물 언저리, 버무린 햇볕, 억새, 노을, 청둥오리 등을 시구에 담아 가을 주남저수지를 눈앞에 선명히 그려낸다. 이어서 아름다운 자연 속을 거니는 연인을 통해 자연 사랑은 사람 사랑으로 연결된다.

주남 저수지에 오면/ 흔들리는 연인들의 머리카락
스치는 소리// 청둥오리 깃털처럼 반짝여/ 나는
어느새/ 그 뒤를 따라 걷고
- 「주남 저수지에 오면」 중에서

안명희 시인은 「산 그늘 아래 벚꽃」, 「별」, 「노을」, 「꽃도」 등에서 아름다운 자연 사랑을 노래한다.

사랑받고 싶은/ 사람들에게 오래도록 기억되는/
잊혀짖 않는 사랑 받고 싶다// 오래 두었던 것들
을/ 서랍에서 꺼내며/ 깃털이 내려오듯/ 등 가벼
운 그런 사랑 느끼고 싶다// 묻혀지고 싶은 것들
을/ 그냥 묻혀두자고 할 때/ 말없이 눈빛 나누는/

편한 사랑 하고 싶다
　　　　－「서랍에서 꺼내다」 중에서

　이순(耳順)을 훌쩍 넘긴 내가 아는 안명희 시인의 삶은 평생 그렇게 사랑받고 싶고, 사랑 느끼고 싶고, 사랑하고 싶은 사람이다. 성경을 좋아하고, 예배를 사모하고, 사람 만남을 좋아하고, 김치며 나물이며 밑반찬 나누어주기를 좋아한다. 몸이 약하고 마음이 아픈 사람을 보면 그냥 스쳐 지나가지 못한다. 가까이 다가가 손 내밀고 등 두드려주고 기도해 준다. 자연 속의 떨어지는 낙엽 하나에도, 반짝이는 우물 속 물방울 하나에도 깊은 사랑을 준다. 결국 인생은 사랑이다. 사랑만 하고 가기에도 짧은 인생, 아등바등 싸우고 미워하고 한을 품고 산다면 얼마나 허망한지 시인은 안다. 그래서 다 품고, 다 참고 다 용서하며 사랑한다. 시인은 그리스도의 십자가를 통해 그 사랑을 절절히 통감하고 배운다. 그래서 시인은 무엇을 보든 사랑으로 녹여낸다. 하나님 사랑, 이웃 사랑, 자연 사랑을 넘어 자기 사랑에게까지 나아간다.

　　사랑하겠어요/ 내가 겪는 고난이 아침 이슬처럼 가벼워/ 당신을 사랑한다고/ 차마 고백 못 하는 입술로// 그래서/ 나는 / 슬퍼합니다// 당신을 사랑하겠어요
　　　　－「당신을 사랑하겠어요」 중에서

창연시선 030

서랍에서 꺼내다

2024년 12월 25일 초판 1쇄 발행

지 은 이 | 안명희
펴 낸 이 | 이소정
펴 낸 곳 | 창연출판사
주   소 | 경남 창원시 의창구 읍성로 36
출판등록 | 2013년 11월 26일 제2013-000029호
전   화 | (055) 296-2030
팩   스 | (055) 246-2030
E - mail | 7calltaxi@hanmail.net

값 12,000원
ISBN 979-11-86871-76-5   03810

ⓒ 안명희, 2024

* 이 책의 판권은 저자와 창연출판사에 있습니다.
* 양측의 서면 동의 없이 무단 전재나 복제를 금합니다.
* 이 책은 한국예술복지재단의 후원을 받아 발간 되었습니다.